生活該有的樣子

黃有卿 著

【局長序】

細品，妳眼中的蘭陽

宜蘭文學是臺灣文學中極具特色的一支：蘭陽的山川海河共同交織出詩意的風光，成為靈感的源泉。漫步在宜蘭市街上，道路盡頭的山與藍天相映，氤氳之中，恍惚可見昂首於海上的龜山島；宜蘭人的柔軟與強韌的精神則成為一部部動人作品的核心，充滿人情味的老城舊事，與朝氣蓬勃的新創精神為新時代的蘭陽寫下了最切題的註腳。

本年度蘭陽文學叢書兩部入選作品《生活該有的樣子》與《遙遠的身體》，一部為詩集，另一部則是散文集。十分巧合的是，兩位作者皆是年輕的女性創作者。兩部作品文字細膩卻相當誠實，邀請讀者直面創作者內心，走入她們的痛苦與掙扎，細緻品味她們的情與思。

詩人黃有卿的《生活該有的樣子》不刻意描寫宜蘭的樣貌，而是從更私人視角出發，書寫游子在異鄉拚搏的疲憊與滄桑，字裡行間卻節制地透露出對於家鄉的凝視與想望，文字淡然而真摯。從求學到工作，到旅遊，詩人在城市間輾轉，卻始終帶著宜蘭的雨與她同行。或許家鄉不必在遠方，只要記住自己來自何方，總能將生活活成該有的樣子。

陳怡如所創作的《遙遠的身體》則帶領讀者走入祖母、外婆與母親的生命脈絡之中：在遙遠的海邊、在封閉村莊的小巷底、在對於女性的凝視之中，祖母、母親與作者的河流匯聚在一起，在名為「女人」的海裡奔騰。陳怡如選擇移居宜蘭，她筆下的蘭陽與自然共生，充實的農耕生活、與母親共度的廚房時光、豢養屬於山林的犬隻與貓……彷彿將宜蘭生活的現在、過去與未來，所有可能的樣貌精煉為滿書文字。

《蘭陽文學叢書》至今已累積91本出版作品，足見蘭陽地區飽滿的創作能量。叢書的徵件不論創作的深度與廣度上，對於創作者來說都是一大考驗，但令人驚嘆的是，本年度的投稿數量為近年新高，近20件作品不僅囊括了多種文類，包含兒童文學、報導文學、詩集、文集、劇本等，更在題材上展現了多元面向，從女性書寫、社群關懷，到地方風土文史考究，更有新住民寫下對於宜蘭與原鄉的觀察與比較。在這些作品中，我看到了創作者們對於自我的探究，以及他們對於「鄉土」的再定義，反映出了蘭陽文學正與時代共同前行。也期待不論是深耕多年的前輩作家，還是新一代的年輕創作者，都繼續在這片土地上，寫下開闊的文學視野。

宜蘭縣政府文化局局長

黃偉書

【推薦序】

百年的跨度——棄婦的生活該有的樣子

黃智溶

—出版詩集三種，美術評論集一種，散文集一種。與詩友於宜蘭成立「歪仔歪詩社」，現任社長，並舉行多次書畫個展與聯展。—

棄婦 ◎ 李金髮

長髮披遍我兩眼之前，／遂隔斷了一切羞惡之疾視，／與鮮血之急流，枯骨之沉睡。／／黑夜與蚊蟲聯步徐來，／越此短牆之角，／狂呼在我清白之耳後，／如荒野狂風怒號：／戰慄了無數遊牧。／／靠一根草兒，與上帝之靈往返在空谷裏。／我的哀慼唯遊蜂之腦能深印着；／或與山泉長瀉在懸崖，／然後隨紅葉而俱去。／／棄婦之隱憂堆積在動作上，／夕陽之火不能把時間之煩悶／化成灰燼，從煙突裏飛去，／長染在遊鴉之羽，／將同棲止於海嘯之石上，靜聽舟子之歌。／／衰老的裙裾發出哀吟，／徜徉在丘墓之側，／永無熱淚，／點滴在草地／為世界之裝飾。

這首李金髮（1900—1976）的名作〈棄婦〉，是詩集《微雨》中的第一首詩，也是他從巴黎帶回，當年一新中國詩壇耳目，象徵派的名作，出版於1925年，也就是他大約25歲時寫的，回推一下，也將近一百年了。新詩一百年，不論對它的成就是毀是譽，一百年，總是象徵一個標誌與里程碑。

一百年前，這首〈棄婦〉出現時，它不被理解是有原因的，首先是過於歐化的語言，讀起來文氣阻塞節奏不暢，但是，最大的致命傷是——沒有生活感，所有的象徵都流於空泛的比喻與暗示，太多的堆砌，過於抽象，例如：

「戰慄了無數遊牧，」、「我的哀戚唯遊蜂之腦能深印着；」、「將同棲止於海嘯之石上，／靜聽舟子之歌。」

這類的詩句無法帶領讀者進入詩中的世界，讓讀者去深刻的感知棄婦的外在生活與內在心靈情境。

一百年後，翻開年輕詩人黃有卿的詩集《生活該有的樣子》第一首詩不知是巧合，還是有意，竟然是〈棄婦第十九日〉，這首詩第一次發表在2018年9月出版的《歪仔歪詩刊》第16期（當時黃有卿大約24歲），現將這兩首詩作一比較。

棄婦第十九日

與你睡的隔日，我從少女成為了棄婦。／／棄婦第十九日。／夢境裡我和朋友們坐在南方城鎮古蹟轉角有落地窗的咖啡廳／第十八日朝晨：一齊去過的港口、身旁祇有幾位同學／明明，十天前還會不自覺的尋找／熟悉的餘溫。／／提著皮箱搬回我的北部城市／氣溫低了幾度／晚餐後，沿著附近巷弄，繞圈／披薄外套散步／學習活得比較健康／這裡的人車，也規矩得很健康／／變幻的號誌；大樹下，路燈把我打延得長長／鞦韆晃晃／在女中旁看年輕的女孩子經過，如此／年輕的／像你下意識會看的女人／／是時候回家洗澡，讀點書／把未竟的臺灣文學作業寫完／（夜晚的九重葛明明艷得勝過霓虹燈啊——）／／走回家。／想起你家附近的蜿蜒小路，有關東煮／而你習慣在夏夜點碗芒果冰／（一人一匙，塌陷的城池……）／／如今，我還在學習，深呼吸，前行／好好的打理／像深深的輕輕的吻你一樣／／都需要學習。／棄婦第十九日／依舊是仰賴著啃食與你有關的種種記憶／維生。

首先，李的〈棄婦〉是以第三人稱寫成的，是詩人藉以象徵自己內心世界的孤獨狀態，他被現實世界拋棄了，所以讀起來情與景是處於分離的狀態，我雖然知道他在借用這些景物：長髮、枯骨、鮮血、裙裾、熱淚、黑夜、丘墓、灰燼，以及蚊蟲、游蜂、山泉、紅葉、夕陽、遊鴉、海嘯、舟子等等，但這些情景都是被詩人想像出來的，棄婦應該是這個模樣與心態，象徵詩人被他人或現實世界所遺棄，孤獨寂寥的內心世界。

詩句充滿生活感

一百年後，同一個主題，黃詩〈棄婦第十九日〉卻剛好相反，它以第一人稱寫成，有一種主動對外宣示的氣勢，她的詩句處處充滿生活感，在空間上，很清晰地，從南方城鎮搬回北部城市。

「南方城鎮古蹟轉角有落地窗的咖啡廳」

「提著皮箱搬回我的北部城市」

在時間上，晚餐後散步、路燈、夜晚的霓虹燈、洗澡、讀書、寫作業。

「晚餐後，沿著附近巷弄，繞圈／ 披薄外套散步」、「路燈把我打延得長長」、「夜晚的九重葛明明艷得勝過霓虹燈啊——」、「是時候回家洗澡，讀點書／ 把未竟的臺灣文學作業寫完」

還有往後不盡的回憶與思念。

「像你下意識會看的女人」、「像深深的輕輕的吻你一樣」、「想起你家附近的蜿蜒小路，有關東煮／而你習慣在夏夜點碗芒果冰／（一人一匙，塌陷的城池……）」、「依舊是仰賴著啃食與你有關的種種記憶／維生。」

她的詩句，每一句都緊扣著生活過的小細節，如蔥蒜般，爆香著濃烈的生活味，如刀篆銘刻後，印紅的生存軌跡。

語言豪邁有力

除了這一份濃烈的生活感，使她的每一行詩句，都充滿著熱烈的情感，觸動讀者的心緒之外。她的詩句還有一個重要的特色是，遣辭用句，既直白易懂，又豪邁有力，置於當代年輕詩人過度修飾的語言中，更能凸顯出她的獨特與傑出，例如：

「與你睡的隔日，我從少女成為了棄婦。」——〈棄婦第十九日〉

還有這一首構思奇特的〈意淫〉：

「不論幾個男人的胴體我都意淫過了。／稍微壯碩的，能言的，偶爾帶點霸道的，乃至於愛妻愛兒的，我都一一意淫過了。／／意淫在柳絮的三月，微熱微慍的五月、奔騰的六月。意淫於／山海，廣袤的大地上，在屋裡，雲裡，內臟與車廂內乃至於月明星稀」——〈意淫〉

還有這首對女性自身處境的反思〈親愛的，我們不要孩子不好嗎？〉用語更是直白大膽：

「如果我可以只輕鬆噴出一顆卵子在高潮當下」——〈親愛的，我們不要孩子不好嗎？〉

「一個妻，一個媳婦，一個鄉下老嫗／一個變老變醜變腫乃至於死亡的和其他母親一樣偉大卻被迫平庸的女人」——〈親愛的，我們不要孩子不好嗎？〉

「親愛的／當你以愛之名衝撞我的下體／我已成為你可悲的母親」——〈親愛的，我們不要孩子不好嗎？〉

當然，我們無可避免地，會想起余秀華的名詩〈穿過大半個中國去睡你〉。

穿過大半個中國去睡你 ◎ 余秀華

其實，睡你和被你睡是差不多的，無非是／兩具肉體碰撞的力，無非是這力催開的花朵／無非是這花朵虛擬出的春天讓我們誤以為生命被重新打開／大半個中國，什麼都在發生：「火山在噴，河流在枯」／一些不被關心的政治犯和流民／一路在槍口的麋鹿和丹頂鶴／我是穿過槍林彈雨去睡你／我是把無數的黑夜摁進一個黎明去睡你／我是無數個我奔跑成一個我去睡你／當然我也會被一些蝴蝶帶入歧途／把一些讚美當成春天／把一個和橫店類似的村莊當成故鄉／而它們／都是我去睡你必不可少的理由

雖然，余詩的語言也一樣是大膽直白，但是我們發現，她的內容基本上與李金髮一樣，都是象徵的、比喻的，沒有生活的印痕和軌跡。例如：

「火山在噴，河流在枯」
「一些不被關心的政治犯和流民／一路在槍口的麋鹿和丹頂鶴」
「當然我也會被一些蝴蝶帶入歧途／把一些讚美當成春天」

這些詩句雖然也氣勢豪邁，震撼人心，但不是感動到內心，她沒有真正生活的小細節，魔鬼其實就藏在小細節中，沒有這些生活點點滴滴的回味與反芻，所有的詩句都是一篇氣勢撼人的作文，而非真摯感人，真情流露的詩歌。

讀完黃有卿的整本詩集，發現她每首一詩，字裡行間都處處流露著，許許多多生活上的小細節上，再加上她語言的直白有力，創造出一種獨特的詩風，這種詩風，讓她超越了當代的同輩詩人的水平。

她的詩句提煉自生活所有的細節，但是，詩並不是條列生活的流水帳，它在生活中挖掘題材與養分，最後仍然要變形、轉化成象徵、比喻，成為一首富於感性邏輯的有機體，一首真摯感人的好詩。

因此黃有卿的「棄婦」終歸究柢，與李金髮一樣，也是一種比喻與象徵，差別在於，一百年後，她的比喻與象徵，會讓我們閱讀後，有一份真正的內心感動，餘味無窮，而不是只瞬間的震動，了無餘韻。

【自序】

生活該有的樣子

年輕的時候，看著周圍朋友信仰著張愛玲「出名要趁早」，個個寧為一瞬璀璨的花火也不願碌碌苟活，而今十年過去了，我們也才發現出名需要的不僅僅是天賦，還要運氣。

有趣的是，我們曾經以為可以改變什麼，卻被時間給改變了。從那個為賦新詞強說愁的毛孩，來到了不得不直面諸多壓力的而立。

這幾年，獨自在異地整理親人逝去後破碎的自我，加上現實的面孔環伺，我更明白那些真摯單純沒有算計的情感，多麼值得感恩。聽說靈魂脆弱的人，周遭總是有天使環繞，我想這是箇中原因吧。（即便日常讓我更加無力與世界交談，但所有點滴於心，請原諒我沒有力氣訴說，因為身體首要休養。）

十年的軌跡收錄在這本詩集裡，從2013獲得文雨飛揚肯定的〈文人〉開始，每首都是生活的痕跡，可能是自身的，他人的，或者社會的。期間，刊載於《衛生紙》、《海星》、《好燙》、《野薑花》等詩刊的快樂與肯定，或者主編們的指點，都在每個失落與低潮時支撐著我。2015跟著歪仔歪詩社前輩們學習後，到了2017年，詩風有了明顯的變化，似乎有漸漸找到一點訣竅。無怪乎2015伊絲塔邀請我去詩社觀摩時，他眼中閃爍光芒（雖然這位姊姊幾乎每時每刻都閃爍光芒）的說，跟著文人墨客前輩們，自身會成長迅速，這也許就是潛移默化的魔力。

除了提攜之恩外，我特別想感謝社長黃智溶老師願意在10天這樣倉促的時間內，為小犢的初啼《生活該有的樣子》提筆寫序。這對我而言意義非凡。

挾著上班日前的恐懼，以及近日某個親人離世帶給我無以名狀的情緒，我在深夜雨聲之中寫下這篇序文。

等這本冊出版，應該會當揣一个時間去佮阿媽講這件代誌。

雖然伊已經佇咧足遠的所在啊。

目次。

生活該有的樣子

半途而廢

共同活著的十字路口

生活教育的樣子

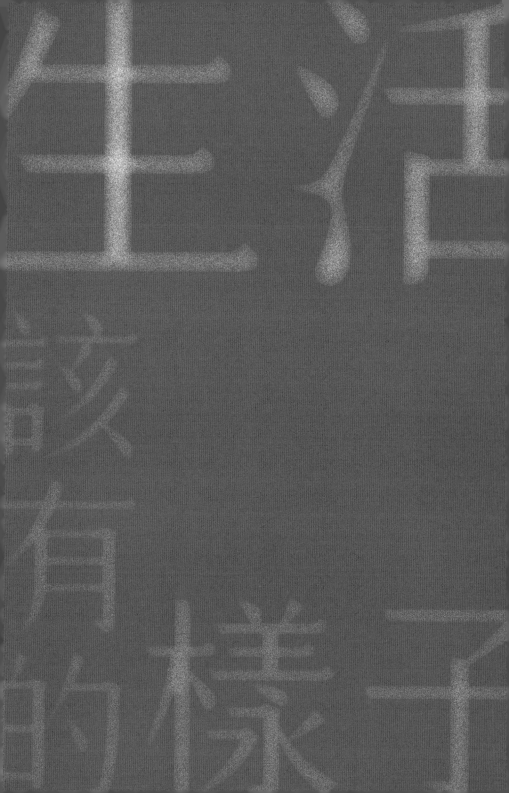

棄婦第十九日

棄婦第十九日

與你睡的隔日，我從少女成為了棄婦。

棄婦第十九日。
夢境裡我和朋友們坐在南方城鎮古蹟轉角有落地窗的咖啡廳
第十八日朝晨：一齊去過的港口、身旁祇有幾位同學
明明，十天前還會不自覺的尋找
熟悉的餘溫。

提著皮箱搬回我的北部城市
氣溫低了幾度
晚餐後，沿著附近巷弄，繞圈
披薄外套散步
學習活得比較健康
這裡的人車，也規矩得很健康

變幻的號誌；大樹下，路燈把我打延得長長
鞦韆晃晃
在女中旁看年輕的女孩子經過，如此
年輕的

像你下意識會看的女人

是時候回家洗澡，讀點書
把未竟的臺灣文學作業寫完
（夜晚的九重葛明明艷得勝過霓虹燈啊——）

走回家。
想起你家附近的蜿蜒小路，有關東煮
而你習慣在夏夜點碗芒果冰
（一人一匙，塌陷的城池……）

如今，我還在學習，深呼吸，前行
好好的打理
像深深的輕輕的吻你一樣

都需要學習。

棄婦第十九日
依舊是仰賴著啃食與你有關的種種記憶
維生。

習慣

伊咧等待啥物人，坐佇椅條頂的夢
時間搖啊搖，行過有若無
若彼束束縛伊愛人仔的烏頭鬃

——謝銘祐．戀戀大員

身穿花紅長洋裝
反覆聽謝銘祐唱著戀戀大員，幾痕蚵殼灰
想起安平，你曾載著我沐三月的風
追逐最後一場夜景

想像生活是一條長長的神農街
練習操著臺南口音，不管日子逆或是膩。我總是習慣
在飯鍋裡加上地瓜，撒些砂糖
每日敬拜神像

下了班，隻身在臺北對各個冠上「臺南」的小吃店失望
早餐時間騎著單車四處尋覓相似比例的豆漿紅茶
磚紅色建築，窄巷，傳統糕餅店——我試著在異地踏遍每一個可能是你的地方

試著讓步調和呼吸放慢，蝸牛一般
染上你所有生活習慣。試著
讓生活多幾顆方糖

唯有這樣
我才能繼續一廂情願的祈禱你，永遠——
永保安康。

即便

發泡錠張狂，只剩噪音填滿整個小室。
蹲坐在正適當的位置，悼念，偶頌經文，偶爾涕泣。
偶爾，又看著日漸老去的樹枒
笑出了聲音

時針逕自歌著，心腔悸動恍惚控訴
三月的花盛放、孤寂的蝶蛻蛹之際

都是疼痛的

撕扯著的紙絮絢落成來遲的雪
手指劃出一道光：在夢境裡，你的影像模糊，朝我逼近——

斷了水的筆還振振鳴放著
是日尾聲，指甲親吻可可；被你臂膀觸碰到的毛衣
亦赤裸裸的燒著

為什麼呢——但凡我種下的片語都被採擷，去拓印，或正經地輕壓在枕下
（明明我們，也就這麼一瞬。）

可在宇宙之前，我們還是錯過了合相。

即便薔薇都盛開了。

即便兩對相視的眼眸，曾那麼熾熱……

記日

分割肉塊
手執刀切碎蒜與青蔥
窗邊電線裸露
大雨落下澆灌成湯
今日不治水

你臉上的漣漪與漩渦
攪拌清晨的光

種傘與種香菇的日子
一顆紅豆種進掌心
長出下半生的命運

風扇嗡嗡著
靜物像被沖洗得乾淨，塵埃落不定
遠處車輛急煞
在誰的耳畔刮出大裂谷

服藥
輾過食道每寸細胞

想吞你、吞個精光
想魚骨上剝離的每寸白肉。想光。

火紅的太陽炙烤整個雲系
你說蘋果般的頰心，你說有暈
髮間廝殺的氧氣死去
一如分岔的感情線又逝去

剪卻柳枝、剪雲翳
剪日常每個慣用語句
剪一齣戲，像剪你，剪千百個你不語……

冬

天空被冬日漂得蒼白
提筆的手指龜裂
一群形單影隻的樹木被我路過，沒有名字

風衣的骨架讓朔風摸透
一路鎖骨、腰間
你的背影是瘦金體捲進風雪
披著毳衣打燈

書頁凍得碎裂
宇宙凝為一念，毋須闔眼
被濕氣浸潤的白襯衫陽台上單薄演出
總歸一場默劇

寫首零下五度的詩篇
話語未落，長影被鳥群飛過
枯枝上幾許殘紅
隨雲逸散，光線與塵埃揉得不那麼均勻——
年輪從不均勻。

盡頭有光

愛情發生後第三天
獨自在失眠的夜盤編近日梳落的
甫燙完的鬈髮
點一盞燭光映聖杯二
影子忽明
忽暗
是日我坐在台下

你以嗓音撫摸滿身哀鳴（僅只以名，以淺淺笑語）
片刻，也只能先按捺住貞節
以虛偽的端莊

愛情發生後的第五天。深夜
獨自坐在貓徑附近的酒吧
提拉米蘇與 Tequila，直至
直至無法辨清光來的方向，直至——
夜裡喧囂無人的惆悵促使我酒駕回家
咖啡因，嗎啡，藉口與謊言

既然大菸裡有思念
為何深夜裡躺在夜店失眠；為何
領口總有其他淡香味

瞳孔裡的海洋，臂膀裡的樹冠
睫毛似花，綻在了剛好的季節裡

曾幾何時，漂泊的風忘卻了返途
落葉在傍晚的街道上，粉塵在將逝的餘虹下
隻身行走於無數個將晚未晚、將夜未夜的湍急路口
唯一雙明眸

一副嗓音
指引著光
而光的盡頭，所有緣分盡成煙花——

必然

必然走向遠方的光，必然
剪卻心中的慾念栽成繁花
於破敗的世道裡一點點小小的違逆
也不過是指尖，不過是眼睫
不過是意念
紛亂的拼貼

必然無法完成的畫作，也不過

是成長的疼痛——無數次你遨遊在歡場女子的裙襬下
無數次枯等的傘下
燈下
後院的松樹下

無數次你以唱片機旋轉著命輪（卜筮與鳥占）
無數次半寐之際僅只是一個敷衍的吻

（——命運向我走來。）

必然是半死的菸、一晌貪歡的酒

而我是癱軟在千百條皺褶中，回收箱裡廉價的過季洋裝
把歲月的殘忍都蒙上
（堆砌偶然成必然。）

早在走向黃昏的歸途之前就應該盤算到的：
你是浪人
任我執迷成岸
痴等那瞬不復重來的水花。

美術館

——2020，我們在美術館背德地重逢。

皮鞋。透明傘。自動門發出微弱鼻息。
購票、寄物，然後緩緩
從我背後走過
（陳澄波的裸女像、速寫肖像
送風口的紙條胡亂飛舞）
終究是默契地點了頭，（禮貌地）輕聲問好

熟悉的吐納，側臉稜線，從那之後的蓄鬍
我曾以這樣的角度探索世界本質

（規律地、小心翼翼地呼吸。使勁力氣不讓跟鞋發出聲音。）

迷濛的眼神，膠彩，礦物如此老練，南臺灣正熠熠灑在畫布上而我們
曾那麼炙熱的從滿樹鳳凰走到了秋收冬藏

（然而，我們——）

終究是累了。在椅子上學習觀看世界的方法

小小的懸宕在半空，藍曬圖，拍立得，遊客寫著「光復香港」的便條
腐朽到一半的建築木構件，藍色鐵門，巴洛克。此時，
我們正處在空無一人的老舊空間裡
我的體內有千萬條魚

長廊盡頭，往上，就是貓道
我們曾窩在狹小的閣樓間評論臺灣美術
徜徉於歡愉之中
——「攝氏18度，濕度55%，5呎燭光」

身體都會記住的。

意淫

不論幾個男人的胴體我都意淫過了。
稍微壯碩的，能言的，偶爾帶點霸道的，乃至於愛妻愛兒的，我都一一意淫過了。

意淫在柳絮的三月，微熱微慍的五月、奔騰的六月。意淫於
山海，廣袤的大地上，在屋裡，雲裡，內臟與車廂內乃至於月明星稀
乃至於稀薄的空氣啊
他就在那裡，吸菸的男子啊
他就在那裡

（他的妻，他的兒，也在那裡）

他恣意顫動的樣子、揮灑的樣子
疲憊不堪與淡然的樣子
他的日子，像苦艾，或琴，或其他，無以名狀
——而那就只是一尊肉體，那就只是
短暫與世界通行或者逃離的工具

（或親近，或疏離，或飄忽不定）

那天，他西裝革履站在講台上
口無遮攔，恍惚旁若無人
坐在其下，我就這麼靜靜的看著他胸形起伏
——像層巒，像疊嶂，像雲影等待一陣大霧散去。

靜置在那裡，他就靜置在那裡
在山海，在雲裡在雨裡，在月明星稀的日子裡——廣袤的大地。廣袤的大地。

女兒

是日，都是月光太過皎潔，都是花前柳下
鼠尾草濡濕雲朵
三月的粉晶似軟花軟語
嘟噥著，就綻出一首詩

孩童咿呀聲遠矣（遠離純真，遠離所有的明亮）
卸下了盔甲，卸下一身菸與塵
骨子裡的

也就一個挺拔天真的少年
童心未泯的少年
（但凡微微淺淺的笑容，都沁出蜜來）

窗櫺那麼乾淨
典藏玻璃杯唇印
剪下細雨，每一吋肌理都那麼的勻稱剛好、那麼的厚實剛好
（一旦對上了眼）

也只是剛好：在潔淨的床單上綻成繁花、寬廣成海洋
海鷗不斷鳴叫
細膩的海啊、浪啊
總教人學會包容

（再也不聞老母親的叮囑、妻兒的聲聲喚）

是夜，城堡裡孕育童話
指痕扎進背脊裡。但凡罪惡
都根屬於豐饒的胸壞

（他又何嘗不想望一個女兒呢？）

是日，都是月光太過皎潔
點燃一根雪茄
他正對著月光熟稔地跟妻子報了個平安以一則短信

孩子們都睡了。夜深
他穿上妻子熨得整整齊齊的襯衫返家
在兒的桌上，輕輕留下精緻的橡皮擦

（返還的他，終究是個令人深愛的好爸爸。）

是夜之後，觀音在遠遠的山上，罌粟在罌粟的田裡
戴回了戒指
他仍舊是那個讓人愛戀的好爸爸
我，是他下輩子的
女兒

塵埃

枯葉被泥沙湮沒
天頂的漏水仍在喧囂
壁虎爬過綺麗的癌，而我
靜靜坐在滿是蛛絲的角落
雨水一直落、一直落——

沿岸砂岩上看新建大樓批次
傾倒。風一起，裙襬惡鬼般撕扯——岩啊，浪啊

扯破我們一路走來
說短倒也真的很短的記憶

遠方，一隻白鷗盤旋而去。

夕陽碎得那麼粼粼
浪被夜晚姦淫得更為淒厲
隻身踉蹌在堤防上，提著酒矸
短暫活過的記憶猖狂席捲，笑靨、而後夢魘
——我倆曾凝視半晌的上弦月
笑得那麼邪魅

（神啊。
鵲鳥可曾在我們肩上停留？
告訴我後天將會更晴朗）

滿屋壁蝨爬過狼藉，燭火短暫吹熄月亮
為何總是尋著一隙之光
而我該相信一顆無瑕的蘋果，或者，岩鹽、法棍與井水？

枯葉、殘枝、泥沙，天頂的漏水總算歇息
片刻，壁虎爬過綺麗的癌

留下一條仍扭動著的斷尾
沒入掌心

女人

飛翔的意念被記載下來，便折了翅膀。

漫步也不過是徒勞：歲月，也不過是徒勞。
徒勞在身體的輪迴裡，徒勞在禮教，徒勞在練習。
日復一日吻遍了還安然的頸子，半掀的眼皮，
思考一杯熱牛奶後杯緣的殘紅與餘溫。
（於我，都太奢侈。）

點起一根涼菸的剎那：就連吐息，都顯得太過張狂。
禮教的世界裡，就得把自己收得好好的，把那話兒收得好好的。
（哄得服服貼貼的。）
（妥貼的姿勢。）
習於打點一切，如此慵懶的觀著大千世界，有蝴蝶掠過、浮雲掠過。
也不過是風是鳥，是作勢張狂的樹影。總嚇不着我的。
浮浮沉沉的鸚鵡，極力討好的半腐桃花。
論老師傅粗糙手上一把雕刻刀對他們而言都是浪費的。

徒勞了這一回，也就餘生與天地，窄仄與寬愉。

一旦書寫了姓名，就必須奉陪到底。

（那話兒直挺挺的，像體面的宗親、寬敞的名車、密密麻麻的祭文。

那話兒說的話兒都是至理。）

點燃了豐腴——

終究，到底梭哈了一生，也算歡愉。

勉強歡愉。

親愛的，我們不要孩子不好嗎？

我們可以不要孩子嗎，親愛的
你要知道——一顆受精卵的成長且須
犧牲牠的媽媽
譬如孕吐，譬如頭昏，譬如身材變形甚至於內臟移位
這所有所有的苦難
都是只捐贈一批精子的你
所無法理解的

親愛的，你說你想要孩子
我可以把子宮讓渡給你，乳腺給你
生養孩子的一切權利給你
牠可以叫你爸爸，從你姓氏
長得像你甚至個性拷貝你
如果我可以只輕鬆噴出一顆卵子在高潮當下

親愛的，你可曾思考過
除了養孩子的龐大開銷外，還得
擔心牠的健康，牠的教育
擔心牠在學校和同學處得好不好

會不會挑食，或者被老師霸凌
受到升學主義迫害
社會動盪下，過勞，低薪，找不到對象於是回家找家長

（你確定你真的那麼想要小孩？）

倘若，牠能自己換尿布
在深夜肚子餓時爬起床泡牛奶
時間到了就洗澡
再晚一點便睡覺
若你還是想要，那麼

作為家國生育機器，我想我會認命一點——
一個女孩
一個女人
一個妻，一個媳婦，一個鄉下老嫗
一個變老變醜變腫乃至於死亡的和其他母親一樣偉大卻被迫平庸的女人

承襲著一樣的恐懼

親愛的
當你以愛之名衝撞我的下體
我已成為你可悲的母親

生活該有的樣子

煩惱

歲年，首次嚐到初老的滋味
伴隨著失眠、心悸、胸悶與脹氣
每個夜晚我怯懦地躲在被單裡看顧羊群，倒數日出
深怕一不小心墜入時間的深谷

初老，首次踏入陌生的婦產科診所
各個年紀的女人共聚一室
閱讀著空氣裡，這個是月經不順，那個是滴蟲感染

（鄰近的昭應宮中，香煙伴隨著煩惱向上遞呈——
媽祖和醫師一樣奔忙）

內分泌失調，多囊性卵巢症候群，子宮肌瘤
月經要麼洶湧來潮要麼任性的遲遲不到
醫院裡，女人進進出出，黃體素一顆接著一顆
（然而擔驚終究是無藥可醫）

祈禱著流血，祈禱著不要流血
每每盯著衛生棉與馬桶：流量、血塊、日期早晚
一條線或者兩條

——困擾著每一個女人的子宮與卵巢啊
總是如此調皮
跟他們未來的孩子一模一樣

她們

紅洋裝，舞鞋，剖半的蘋果
遊隼逐漸膨脹
遠處升起的狼煙不一定在半夜、郊區，或者是夢中
她們踮起腳尖，她們奔跑
迴廊那麼長、那麼長
總是有人強硬的追趕著玻璃鞋

太危險了。
紅洋裝，長髮，高中的制服短裙
總是有智者指點著安全：
腿是邪惡，胸是淫蕩
切莫睜開你靈動的雙眼
露水是不會有惡臭的

世界必須無菌
奶與蜜等待怪手的開鑿，在山坡地上
直直的檳榔樹矗立著
太陽所在之處總是難以見得

月光，月光浸潤女書
初七漲潮了神卻告訴我這一切都是髒的

魚屍腐臭在裙裡
無法拿香也不得走進廟宇裡的我們總是在庇佑範圍之外
任成團的鬍鬚襲來——唾液、汗水、精液
任成千上萬的蟲子襲來

被迫哀鳴，卻又被指責哀鳴
一隻藍鵲銜走了她們的笑容
頸子上的年輪

紅紅一片

——而那個女子坐上計程車後再也沒回到家。

莊園

——想著朋友就業的狀況而寫

那天，他說
這座莊園裡，每一個人都是獨立的個體，擁有獨立的思想與自由
員工是家人
我們會一同讓莊園再次偉大

步行進入半邊頹敗的莊園，他說，
那是之前的人發懶導致。雖然能力良好，

但終究是太年輕，缺乏智慧。
他說，他相信我。我默默記下資訊。
我得讓莊園再次偉大。

於是，在多是病牛的柵欄邊緣，擠出些許的奶
而後犧牲了我的嬰孩，夜以繼日的
毫無懸念的擠壓著自己的滿是瘀青的乳房

歲年，牲畜相繼病死，部分衝破柵欄逃亡
如今沒有肉可以吃了。主人要我想辦法。他說
過去的員工總會想到辦法——

「你必須讓莊園再次偉大。」對，我必須對得起主人的信任。

翌日，我殺了自己五歲大的長子給他們燉肉湯。

（避免浪費，他們還要了乳齒加工為項鍊。）

數日過去，僅剩的屍骨與殘肉發臭。這次，主人看向我——

（街上傳來隔壁村礦場的捷報

除了本俸，尚有年終20多個月）

我只能拖著瘸了的腿經過，一跛一跛。

終於以整塊腿肉換得了自由。

食物鏈

清明節。晚餐。家人紛紛收起碗盤、匙筷
空空如也的餐桌上
只剩雞的碎骨
堆成一座墳

辨不得是哪個部位亦或哪個主人的
碎骨們（可能是左翅、右腿、頸子或尾椎）
有時就如同今日一般，被扔進了滿是衛生紙與塑膠包裝的垃圾桶

有時，則和犬隻一同在外淋雨、吹風
或跟著他們流浪

咬碎骨頭的犬隻、叼著垂死雞隻的野狼啊
那畫面彷彿重疊；然而此刻
喝著一大碗蒜頭雞湯的我
似乎也幹盡了一樣的惡事

（時而貪葷，卻又為了扼殺生命感覺到一絲絲罪惡？）
（為何，總是如此鄉愿——）

成全。在這樣的大前提下
剛出生的小公雞
可曾有機會明白成長的意義？剩下的
被迫不斷產卵、擠在籠舍裡不得而出、乘坐在搖搖晃晃的車上前往終點
啊，他們的一生
難不成盡是為了成全

來自不同家鄉的雞隻
終究是和辣椒、蒜頭、青蔥或補藥
在鍋裡跳著最後一支舞蹈

燈火之下，雞湯倒映著我的顏面，而竟想起
吃了他們的我、
壓榨我剩餘價值的資本主義
其中的微妙關聯

食物鏈啊，
到頭來若不是成全
那便是滿滿的業

生活該有的樣子

我也好想，當一個正常人。

擁有正常的工作：朝九晚五、有勞健保、有加班費、不會被壓榨

下了班可以準時回家，吃飯，玩玩小孩，看看財經台

而不是打開門全家都睡了

（為了這個目的，我離開家，去很遠的地方。）

孩子的哭聲遠了。萬幸，我終於有時間點起菸
沿著發臭的溝渠散步，問候阿鳩與雀球
還有啞啞亂叫的八哥
（即便他們不認得我）

一個人蹲在高聳的建築間，點火
吐納之際，山群在對話：傷、秘密、雲霧與雨
我沒有打起傘，選擇在繁忙的車潮間高舉著右手——
（祢也來一根嗎？）

步行的每天，我都希望被垃圾車載走
去焚燒，或掩埋在沒有人知曉的他方
都好
都好

（但沒人知道
我最想走進家門前那片深藍色海洋
直到忘卻了星星）

要如何才能捨棄一片蔚藍的海？

坐上一班客運，穿過隧道之後
他們說前方
就是未來

按著他們的指引，我搭上了捷運
每一次關上門
就離未來愈來愈近

（自此，我誓言成為一個正常的人——
不能脆弱、不能輕言放棄）

高跟鞋上的血漬，背痘，掌心的濕疹
積極證明存在的胃病
滿地的頭髮，牆角瀕死的蟑螂羸弱的張開肢體，作勢擁抱
無數次嘔出胃酸的半夜，我都看著鏡中這個枯黃的女人
笑了出來

（想家是一種罪。）

數不清幾次了：稻田裡的黃牛、香氣、褐色的鳥羽
清澈的海啊，從島嶼的另一端打上岸的泡沫都是戀人的絮語
無數次海鳥盤旋的午後，鹹鹹的風，一罐冰啤酒就足夠的夏末

無數次我在夢境中死去
卻在鬧鐘一響後毫無選擇的活起

而今，我已習於靜寂
再無法聽著鳥啼聲安醒的每個日子裡只須
啤酒與一點點安眠便
足矣

希望

譬如夜半，棋盤邊緣的棄子，撲翅著不得門而入的飛蛾。
窗外落雨如吼：鬼魅，正藏在牆壁深處，壁癌最綺麗的眼睛裡
微微晃動的擺鐘，一點，一滴
正啃蝕著人類的心

比起酒精，更強烈的
是肝的腐臭、腎臟的衰敗。而嘔吐，嘔吐是種抗議
蜷縮在角落中。當年學運的夥伴，大多體面地進了跨國企業，操一口流利英文

（剛捲好的菸草散落一地，和著幾隻螞蟻）

無用的政治：當我們高談理想、烏托邦與轉型正義
畢業後幾年也不過各自謀出路去了。
唏噓的口哨響起。停下單車，我朝著正殿媽祖拜了拜、
拜了又拜。只說了謝謝、午後愉快
（就像打工時我對客人說的那樣）

曾經，我們也在夜半喧囂，在自由廣場闊論
或站在拒馬之外，或攀過圍牆——曾經，我們以為
牽起手就有希望

十年了。拒馬之外的面容，我們相視著
彼此的眼袋、皺紋，行話與錢包深度
酒精之下——又有誰真正願意成為工於心計的成熟大人？

友善耕作、文化保存、青年返鄉——天主堂拆除之後，幾個人回來了又離開

今夜，我和大部分的人一起搭上夜車
遠處的龜山島已經暗得看不見了
惟平原上歡愛的霓虹仍亮晃晃地閃爍著
彷彿充滿希望

農舍豪宅之間
稻子直挺挺地站起
即便看不見
我仍舊清楚知道那是老朋友給我們最誠摯的送別

——再見，再見

在我身體裡死去一個文藝少年

在我身體裡死去一個文藝少年
（而我甚至不明白
文藝二字
究竟是褒揚
亦或窮途末路的象徵）
（彼時少年在海邊餵養海鷗，直到有一天，他突然產生了貪念——）

二十八歲：認清了理想並不能改變世界
（古蹟還是毀圮，老宅抵不住大樓興起，工業區旁的圳溝橙黃橘綠）
之後，他便在我身體裡死去了。

甚至沒來得及留下遺言。

而我唯一能做的，便是保持緘默。
（在律師到來前，所有人都有權利保持緘默）
（無罪，與無罪推定，終歸是兩個回事）
（鏡子前我搽上迪奧的口紅開啟了辯證。）

一路從繁華喧囂走回寂靜，沿途，褪下高跟鞋
赤足感受著柏油上碎裂的保力達B
扭曲變形的腳趾慢慢滲出血來，滋養壓死在路畔的野花

一桌一桌的殘羹剩飯：蝦殼、魚刺、蟹鉗、雞骨，恍惚老家那蓋得密密麻麻的墓塚
而我在其間奔跑、在其間躲閃
包裹著善意的勸慰與掌心
（那些人有的嘴角尚流著油，有的眼下三白、耳薄無肉
肚腩挺得直愣愣，大談新購名車
卻一輩子不認得杜斯妥也夫斯基或蕭士塔科維奇）

而我索性一場大火把識字的業力燒了。
（火欲來啊——緊走——火欲來啊——緊走——）

終於，曾被天真爛漫灼燒的肌膚無一寸完好

（——既然終究要陪酒
為何不早點
早點學會陪酒？）

現時，海鷗仍在天上盤旋
不世出的，終歸是要世故。

無染

腐敗的食物都太貪婪
沉淪於角落的生物不斷呻吟著，叫破了夜
屋舍亂了手腳，急於踉蹌
哀鳴在四方樹叢身處

未能被理解的，未能
被明礬淨化的

都洩漏心神，心神透澈，透澈之際盡是漣漪與浮萍、不斷竄出的蚊蠅
論此時都還算曖昧。

破敗的樓梯，斷垣，熟悉的鄉野蜿蜒
阡陌之間無法梳理的，破落的，不斷打結後增生的
噢，意念，意念滋生
都進入窄仄的陰道
煙草叢生

是日，一位書生打著光走進來，體面體面的
也不過是褪去了衣袖後的

一紙荒謬，兩陣清風
徒徒留下了點什麼

Alienation

城市內，車站地下道（微弱的呼吸聲）
塑膠袋、破爛的軍綠色舊外套、輕便雨衣與濃濃的人類味道
他所擁有的僅只一個小小的碗，兩三枚錢幣
經過的人偶爾一瞥他衰頹的面貌但多數人未曾注意到……

冷冽的風灌進——尿騷味，灰塵，煙屁股，蚊蟲屍體
一群無家的人被統稱為遊民、街友
流浪漢（沒有人知道他們的名字）

西半球的就寄宿在通往矽谷的高速公路旁
東半球的，偶爾，會被惡狠狠的冷水潑濕全身

（他們可曾故意成為現在的模樣？）

然而誰又願意真正理解？——住在豪宅裡的人
做美體 SPA、水晶指甲，每日拎著 Prada
差遣員工販售香精麵包
偶爾發揮極大的愛心辦慈善活動

（沒有人在乎外頭正挨餓受凍的人）
（沒有人在乎住在危樓裡正愁下一餐的人）
（沒有人讀過真正的馬克思）
（沒有人知道，Alienation，正是帝寶與蓋樓的人）

他們，身穿污泥與烈日
偶爾披著細雨、冷風。蓋樓的人
以那斷了又接回去的手掌、烙滿傷痕的雙腳、歲月與滄桑，以他們
堅韌的意志完成一棟又一棟高級住宅
——卻始終沒人感謝，更遑論一個正眼

晚間六點，趕忙的擁擠城市內
車站地下道，蓋樓的人經過牆角的人，互道了聲
新年快樂

某座山頭

詞條，暴雨，童謠
滿載的列車
隧道內猖狂的煙塵染黑了視線
一根根蠟燭燃起，整座山頭是片片拼圖

山鹿逃亡了。
星子們也許會就此迷途
但凡被踏過的草都成了腐植質

睡夢中，機械仍在運作
混濁著慾望的水汨汨放流

芭蕉，細雨，蟲鳴
聽不到了。那微弱得一如鬼魂的光影
曾經大放的跫音

荒唐的棋局，地圖，環境評估
他們總是這樣予取予求
豪不客氣的予取予求

海洋暈染一片灰暗，天空灰暗，孩童的視線灰暗
沾染著血跡的白色衣衫，囑咐，深不見底的貪婪、算計、斡旋——

枝枒擺動著音符
麻雀失去棲所
隔日，孩童們依舊戴著口罩上課
討論著長大後一定要成為打敗壞人的偉人

寫給宜蘭

生死天命　無念無想

——郭章垣

我經過你心繫的宜蘭醫院
我經過正在興建的，另一個宜蘭醫院
我經過慶元宮。我經過
你沒機會看到的歷史

我聽見抽痰機
我聽見病患和癌症談判，不停禱告
我聽見叫號碼，有人緩步拄著拐杖進去
我聽見天使路過

我聽見預算腰斬
我聽見周遭屋舍漲聲響起
我聽見賈人口袋裡阿堵物滿得擦不出什麼聲音
我聽見撒旦居留
我聽見你用血液供養鎗膛

我聽見土壤裡你最後擠滿粉塵的呼吸
我聽見歷史被割喉，來不及尖叫的啞音
媽祖廟的香持續在燒，又繚繞近七旬
念此刻你應該也是個老翁，偶爾散步經過
燃盡此生之處

當臨走前你未能穿起的上衣成為後人的旗
當某些痕跡燒起，沒有正義

在我跳下這棟樓之前
——想著受困於憂鬱症，總殷切期盼大海的老朋友而寫

在我，跳下這棟樓之前
帶我去能看見海的無人地方
有些浪嘈雜　有些林投荒涼
我喜歡踩踏在馬鞍藤生長不到的沙丘上，跳舞，或者高歌
對遠方同樣孤寂的雲呼喊

帶我去能看見島的無人地方
有些鳥嘈雜　有些木麻黃荒涼
我喜歡靜躺在螃蟹們挖出一個一個小洞的退潮時間點
被淨白的泡沫沖刷

（帶我，去能看見未來的無人地方）
（帶我去無人的島上——）

遠方，時而粉紅，時而橙黃
那是島的落寞、是憂傷（是你的，是我的）
離海太遠，窒息於資本主義暗室裡的我們

被高跟鞋和套裝綑綁，被金錢踐踏，被權力者壓榨
日復一日吸吐工業化的骯髒

離海太遠，為了攢一口生活的我們
早已忘了該如何踏浪，早已
忘了海風是我們的翅膀

落寞的島憂傷著。孤立無援
我們早已忘記了風興起海浪的跫音、林投果實帶給蟻群的甜蜜
忘記了馬鞍藤盛放的夏季
（玻璃帷幕，冷氣，責任制，一叢一叢突生的爐渣建物）

我們以海換錢
而後拿錢續命

（在我，跳下這棟樓之前
帶我去能看見海、看見龜山島的
任何一個地方——）

半途而廢

給我迷路的男孩

施施長路已經走了二十載
沿路上，兩旁雜草繁盛，偶見一些花
（像是大花咸豐草或日日春，金風吹起時還會下起蘆葦雪）
誠如所述，總有機會賞析蜂蝶蹁躚
於是湛藍無雲的蒼穹有了色彩點綴

只不過，沿途的鞋印忠誠地只刻下我
左腳右足交錯規律的無趣難耐

在風的撥弄下搖曳不定，怎麼只剩那些尚無得到回應的
問句？無法預測何時綻放

往前望去，不知道步伐多長。如何計量
遠方一只風鳶孤懸，高高的破浪
北辰指引我賭性堅強地跟從
（犯傻一次地梭哈吧也好）

只是，我的男孩
照理而言，順著流水的方向理應能巧遇你。卻怎麼
在約定的時間點故意玩起捉迷藏？又此時你可正徬徨

因而延宕我倆邂逅的良辰吉時？

既然如此，就請尋求智慧型手機吧
（只須輕輕地喚我的名，它便會領著你找到我。）
（只須輕輕地，猶如殷切的禱告。）
如此便來不及錯過桃夭的時節
我已在枝枒下恭候路痴的你多時

致庖廚

你可以將我視為一尾待宰的魚
正如你所習以為常餐桌上的魚
姑且不論你如何獲得
（海釣、購買，或是收受誰的好意）
那並不很重要

你可以佐以薑絲、摻點蒜末
如果我說，我還是習慣以清蒸的方式被煮熟

相較於紅燒、油炸、香煎
我倒希望你是比較懶的，對於那些過於繁複的工法
你知道的，舌齒天生便是要嘗盡食物本味。尤其是
新鮮且無過多層綴料的沁甜

你可以銳刃卸下鱗甲，縱使有些費力
你知道的，柔美的滋味總是需要被保護。尤其、
尤其是列強環伺的水深
而當你終於費盡心情抽絲剝繭
片肓不著。你不自制的涎
雙手游移，絲滑肌理無庸置疑

都歸你

你可以選擇現吃，或者冷凍
睿智的人總是懂得把握時機
倘若你的味蕾也挑剔
砧板上隨時歡迎，姜太公垂釣一尾魚
你知道的，電鍋擱置過久總會鏽蝕
和廚房角落將要乾癟的老薑一樣

（黃曆記載今天是個適合下廚的好日子）

用餐

餐前，我想像自己是一碗情歌
伴著青木瓜、蒜，淋些醬油
隨著肉體碰撞聲，攪和。

窗外一隻挺著孕肚的蚊飛過
我不曉得蚊的名字，但佛家說
不得殺生
萬物皆有靈

於是把臂膀搽上鳳梨汁，待蚊來吮
懷孕是極辛苦的

患濕疹的頸子呻吟
指甲刮劃得清脆，肩上降起六月雪
尚未化為食糜，雞與豬的屍體在胃裡吵了三天
人一生光吃就充滿業障
（老女人要吞了小鮮肉，髣髴將永世不得超生
於是她被道德選擇餓死）

將右腳底板伸進湯鍋裡汆燙

灑點鹽兒、鹽兒
「鹽兒是很貴的，」二嬤嬤對杜斯妥也夫斯基這麼說
「不如就添些愛吧。」
遂打開易開罐倒了進去

晚餐煮好，蚊也在我身上喝飽
留下一座座紅紅的土丘
連聲謝謝都沒說就走了

錯誤

（國文練習簿上爬滿學生們歪歪斜斜的字跡）

順 順 順 順 順

服 服 服 **服** 服

但凡寫太草的、太慢的、字大小不同的都被老師用紅筆圈起來

處罰全部擦掉重寫，再加寫十遍

（一個沒錢買橡皮擦的孩子在教室大哭了起來）

「男生哭什麼哭？字寫不正做人怎麼會正？」老師將他的作業簿扔了出去——

一個一個歪歪斜斜的字飛了起來

墜毀在桌角與地板

壓死一隻正值青春期的螞蟻

優秀的學生

小時候
美術課規定畫一顆紅蘋果
我把它變成白色，被咬了一口
於是老師和同學的媽媽說我是問題學生

長大之後
我有好幾顆白色的蘋果，都被咬了一口

她笑說我是她帶過的學生
從以前就很優秀

冷冷

昨夜的星辰和魚骨一齊熬成湯
那是今日下雨之因
右腳掌被蚊蚋偷嚙了幾口
都癢到心上了

咽喉卡著一個嗝出不來
指甲輾過蚊蚋撒野處
感性是冷的，胃酸過熱

下一秒你會不會在空氣中蒸騰

這樣的午後是靜好的
作為一隻彌留中的蟟蛾
終於懂得放下
死去是更好的

切莫把公式套用在我身上
教育是劣等的、道德是假的
雨中大口大口承載著硫化物才是真的
投胎，卻無法成為舊石器時代的人

既然如此，就附在石器上吧
端坐一框充滿指紋的玻璃櫃中
冷冷地看著接二連三的人
沒有靈魂。

男孩

男孩終於學會哭泣
在封存多年之後

是日，諮商師慢慢地鑿
斑駁牆面，壁癌片片飄落
順著年輪剝離：
從三十到二十
從十五到十

母體。胚胎已有記憶

男孩漸漸睡去。在海裡，
失望之魚，怨懟之魚，憤怒之魚
游過動脈與左心房
游過悲傷的血液

（二分之三
多餘而無法構成圓的那部分）

也曾懷疑過基督教義

懷疑神，懷疑神所創造
（母親。母親。）
多少個夜裡，男孩確信已溺斃
卻又被鬧鐘救起

總有標籤黏在他身上。
菸。衣架。水管。皮帶。熱水。手掌。
單詞沾在臂膀，右臉，大腿，下體
他一直記得
耶穌說過，當別人打你左臉
就把右臉也給對方打

（二分之三
多餘而無法構成圓的那部分）

男孩哭了。今晚的男孩哭了。
即使他年過三十
仍舊沒有能力營救
死於海裡的十歲小男孩
（靈魂們仍在泅游，胚胎們仍在泅游——）

斑駁牆面，壁癌仍在飄落
諮商師擱下鑿子
給男孩一個擁抱
男孩終於開始哭泣——

怪病

棉籽與微塵一齊住進肺臟，紮根，吸收養分，成長與睡眠。於是少女的胸口隆起，像山。然而少年並不明白那是種迫害，依舊日夜燃燒著村落深處的屍骨作材薪，燒飯，燒洗澡水，燒窯。燒新死的人。

日復一日，天空長出灰黑色斑點，隨著落下的雨，沾黏在少女的山峰上。

——細看竟是人類的言語。

烤箱

你躺在木地板上，如傾倒的盆栽，以唇齒咀嚼所有跌落的土與腐葉、舐舔著不斷冒出的汗，像螞蟻吸吮蚜蟲，在悶熱的烤箱裡。理智不斷蒸發。

約莫四十分鐘，你化為蒸氣吞噬我，滲入毛孔乃至血管乃至細胞。救生員在遠遠的地方滑手機。烤箱無人監聽。

好山好水好無聊

種下一棵電線桿
種下一棵高壓電塔
他們說種滿農舍
就能發展觀光

剷除一個釘子戶
剷除一個庄仔頭
他們說把山剷平

就能發現寶藏

（他們是誰——？）

他們笑臉盈盈
他們銀子白花花
他們善盡 CSR，提供社區免費便當
他們讓偏鄉壯有所用老有所養
（砂石車來回運送，怪手日夜開挖）
（煙塵，污水，廢村莊）

他們筆路藍縷開疆拓土建成礦場
好山好水，終於不再無聊——
口罩，疾病，醫藥費
日曆燒成骨灰
藥盒彩色了人生

她

那年冬天，她獨自離開家鄉到大城市打拚。
她的第一份工作在市中心，那時她還年輕。
老闆要她簽合約：若乙方違約，則甲方可索取賠償金。

她找了間破舊公寓與蟑螂同居。
最初她想殺掉牠，最後選擇豢養牠。
「後來才發現，我們沒有不一樣。」

她把肝賣給公司。花錢將胃腸給食品業者。

為了看醫生，開始參與藥品實驗。

她漸漸老去。

一直到她死了之後，她爸媽才把蟑螂接走。收到一張索賠違約金的通知，與銀行每天打來關切的電話。

半途而廢

殘羹，剩菜，過期半年的整盒雞蛋
垃圾已積了兩個星期
蚤蠅。衣蛾。無數的蟲卵。
衣服堆成一座濫砍濫伐的破山

就要耗盡電力的老舊電腦，斑駁的鍵盤、閃爍螢幕
滿桌文獻散亂
圖書館累積了不少罰款

宿便，油頭，失溫牛奶
日復層疊的咖啡漬
角落，擤過鼻涕又擦拭油汙的衛生紙

追不下去的狗血溫情
忘了退票的音樂劇
只還了一點點的學貸和
沒來得及燒完的炭

媽媽一通電話打亂
人生為何總是結痂了又重來

文人

啊，柴盡了
你微微一嘆，略顯驚訝
伐下的腦子填不滿格子
你便慌，怕是又得委屈了肚子
於是你背上行囊　學習流浪
讓感官都蹓達
公園裡哈士奇路過遊民
車廂內的博愛座保持空白

銀白色凶器穿梭，餐桌上血肉模糊
路燈下的蚊蠅嗡嗡
赤腳浸潤於土地的溫暖
側耳傾聽巷弄裡一綹綹二胡聲似前女友的濕髮
用肺葉承接好幾個世紀的信仰，在車陣裡穿梭賣玉蘭花的婦女
披著夜色的清道夫潔淨街道之容顏，卻掃不盡歲月的鉛華
為了幾個K折腰，同時賣起新鮮的肝
凱達格蘭大道前汗水淋漓，晶瑩折射每個炯炯
仰望天空，一條長長的飛機雲將天際剖為二
於是你打著傘
在酸雨中為歸來的自己　接風

共同活著的十字路口

歐洲大陸上的小小寂寥

火車往 Steenwijk，窗外，一片廣大無際的草原
（草，樹，牛羊馬，草，樹，矮房，車）
晚間八點，天空漸漸暗下，部分人家已點起了燈
小路上一台藍色公車緩緩駛入林間

「Meppel Station」
尼德蘭的重音落在向晚的歸途上
寥寥人群散場。車門關起，異鄉的口音被苦幹的機械聲輾過

（樹，紅色貨櫃，更高的樹像童話世界裡巫婆隱身之處，河，小路上馳騁的
汽車）
沿途，微微燃燒的火光一路往家的方向點亮
（草，樹，車，然後是更多陌生的草與樹——）

天色將暗
坐在車門旁一個人發呆
突然發現，下班時間的臺北捷運從來就不是擁擠
而是擁抱

雨落阿姆斯特丹

阿姆斯特丹又下雨了
穿過樹冠
雨水直接打進眼睛

樹上，倒掛的小花小果，像風鈴
微微晃動著
好多語言在我耳畔晃動著

雨，會變大嗎
大到尼德蘭淹沒
大到宇宙都裝不下
打在臉上，鑽進我的毛孔
為自己找個新家

雨一直一直變大
我沒有打傘
閉上眼睛
那打在身上的感覺彷彿我已經在家

註：可能本身屬水，到哪都帶宜蘭雨，就連萬里之外的阿姆斯特丹，也不例外。

根

疲勞啃食著恥骨
我把希望與行囊，都壓縮進小小的耳洞裡
（煞了又行，行了又停的國道五
　車上，人群終於按捺不住地喁喁了起來）
蜿蜒的、蜿蜒的蔣渭水
被一條紅紅的燈河串起
午夜，未眠的司機，閃爍的警車。半掩的窗簾

（我甚至，還卡在交流道之外。遙遠的冥王星。）

嘴唇緊閉。想像夏日的瓜都沁出甜來
疲憊的味蕾、泥濘的膚。心悸，疼痛的夏日
獨自與眾人在冷氣房裡
細數離家的距離

距離——或許是幾千英呎、八十八個彎道、成千棵新生初死的樹
或許是一通電話、一碗炒飯
幾句情緒勒索
或者

累積的傷痕
都沁出水來——蘭陽的土地啊，機堡，後巷，昭應宮；漁港，龜島，腥臭味
男人叫賣腔獨特；棗餅，糕渣，赤肉羹。
（蘭陽的孩子，蘭陽的舌）

夜裡。蔣渭水提起他的燈走向廟埕
這裡曾有落地掃
掃的每個寸土
都扎滿宜蘭的根
我的每綹黑髮——迎著東北季風與雨水、海港與稻田的此時此刻
都全然承繼著母親的歌聲

扎下
噶瑪蘭的根

致友人

——關於近況與伊人

近日。
撕下了喜歡的書頁，採擷時光。伊人吁嘆輕盈——
黑夜被維納斯吻過

褪下不甚合身的襯衣、梳理沒有盡頭的河流
緩緩啜飲星光，星光觸發悸動
悸動點燃夜空

雲朵不斷擺弄裙襬。煙雨，塵埃。風撫過四葉草
總的鈴的鈴著——所有的床邊故事，都讓綿羊們跳起舞來

熱牛奶蒸發。小麥麵條，貓薄荷，羞怯刺探的熹光
都跌進佚散的歌聲裡。而日常
也不過是仙人掌、向日葵
純水，或者是綠電

（譬如長長的蜿蜒小巷
譬如小祠裡裊裊渺渺的念想
譬如晨光，塵土，家書或無法量測的孤獨）

此刻，將嗅覺打開，只見滿園子花香撞進來——

伊人石瓦般的鼾聲厚實
宛若偌大山牆
（依憑著，便能俯瞰所來的遠方）

清晨，靜靜等候玉蘭茶香。

伊所有吁嘆都輕盈了我念想
方寸甚安
總綻滿了繁花

星期日上午

精油膏，詩集，大紅袍
春天鋒面依舊
雷聲未響，雀鳥忍不住多啼幾聲

星期日上午
已不聞野貓淒厲叫春
躊躇著北漂或者留在地方上作化雨之風
一本《莊子》提點了答案

虔誠茹素，禱念般若波羅密多心經。日子已遠去
方寸混亂如戰國
是留是捨，該離或守，混沌如宇宙初成
神攤開雙手
露出微笑靜看萬物蜉蝣

悠長吐息。瓷杯，念想蒸騰而上
掌心擱置陶壺腹身，感受人間炙熱。即便窗外陣陣寒風吹進鳥語飄零一地
緩緩啜飲餘茶。起身，焚香禮神——
神已住進眉心。

共同活著的十字路口

已經太過疲累了。流言蜚語
種在了人類毛孔裡
產生，吞噬，分門別類的
即便是憤懣的笑了，也不過無濟於事，總無庸置疑。

點一杯黑咖啡，沾一紙發票
上面印著熱騰騰的商標，也就世界讀取你的樣子：
有錢的、充滿希望的

或者寒酸也就罷了
（旁邊總是涼快，旁邊總是
比較清淨）

穿過數十百個商家，挨著偌大雨點
卸下上班族身份，只差
沒在滂沱之中裸身，打著赤足任破碎的玻璃瓶與菸頭一一扎進腳跟

以足底的肉瘤連結地心，不斷喘息
離開人行道岸邊跳舞、跳身體的舞、靈魂的舞
撇除了人格的……

（那些，都是虛偽的多餘的浪費而不環保的。）

路口。停滯的車流都靜默，奮力按壓著喇叭、幹你娘下班時間很忙
沒事，輕盈地，雲還在洗滌，罪孽也還在洗滌
——洗衣店的衣服，就快要乾淨了（不斷，不斷旋轉著）

腳步，人聲，汲汲營營。
停下來吧。上帝，祂以滿繭的手輕輕地撫摸著頂輪，嘴裡喃喃，不斷禱念著
鳥與語，花與滄桑，粉霞與帶點善良的邪念
水晶項鍊兀自閃耀，雜念環抱的此時此刻
每走一分，就多一串歷史

褪下了衣裳、武器、過度的包裝
卸下錢囊、知識與所謂素養
扎扎實實的踩踏在大地上，不斷舞著、轉著、躍動著
一顆心，怦怦地炙熱地跳著
宛若地心，如此火燙，如此堅強——

而此刻，十字路口，雨仍在訴說：
我們，即是相同的人
相同的源頭
共同呼吸著，共同活著——

童年

——抵達不了的遠方

鋒面之前
我趕上往南的復興號：
藍色手拉門，深綠舊椅，沾上幾點米白油漆的褪色地板
冷氣一陣悵涼

（——有沒有一班駛往從前的列車？）

天色漸暗
唯恐將要下雨
我沒有帶傘，沒有換洗衣物
身上只揹著數十年來的記憶與傷痕
不協調的呼吸頻率

羅東，蘇澳新，東澳
然後是南澳
熟悉的行駛節拍似咒語
每一次旅途是電影

水田，工廠，隧道與隧道
一路上我細數著新興的住宅
分不清
誰是新的　誰是舊的
惟一條長長的蘇花改——我看見白米橋如手捧著
為誰禱告

耳鳴反反覆覆
我張嘴又閉上
山頂的霧是什麼滋味

童年所見，海岸社區的朵雲又是
什麼滋味——稍不留神
我已坐上太快的列車
抵達從沒想過的他方

（小小的看海的孩兒啊
也看鷺鷥，看魚，看蝦，看星星
看得到未來嗎如果他擁有一支望遠鏡）

列車逐漸緩慢
山的臂膀擁抱著海

整個歲月譬若一場大霧
我到底上了錯誤的車，佔了別人的位子

停下片刻再起
東澳那一片如夢似幻的海
不停地暈染著裙襬
——曾有那麼一瞬，我以為自己是畫家
生命就是一張空白畫布

南澳快到了。隧道之後
我彷彿是熟悉的聚落，樹木，田地

站得直挺挺的高壓電塔；彷彿是
少許車輛，誰誰誰的家，鳥兒，石碑，荒地
——鏡面裡我到底是個身著白衣
法令紋特別深刻的

（我曾經那麼想成為大人
不用九點睡，沒有功課的
自由的大人）

天清朗了
我的靈魂奔馳在無人的往漁港的道路上

遠處有山，聚落，先人的墳
檳榔樹，蘆葦，一堆不知道名字的草

南澳到了
下車的旅客請注意月台間隙
車子將繼續開往和平

拉開門
我走下車
遠遠的，童年朝著我揮手
一群原住民孩子從旁奔跑而過——

沿途微雨
輕風

深夜想起畫眉

——寫於畫眉過世後第二十五週

（九降風把你吹走了，來年
那踏遍二一坡的肉掌
終究會循著來時的道路
回到清華——）

每日，重複著對鏡畫眉

對齊與否，剛柔與否，或淡或濃，或疏或密
而這些議題
於你，似乎都太瑣碎

超然於世，你帶著一對濃眉滑稽而來
偶爾搜刮醒醐味，偶爾
盤踞著小吃部不願離開
一尊安眠的佛
一個慵懶的午後
午後，太陽把考卷與茶色的毛身烘烤得蓬鬆蓬鬆

快速曬乾的棉被與憂傷
煩惱經你吞噬，都化成了可愛的棉花糖

咀嚼、消化、睡眠與呵欠
總是那麼淡然

半瞟著眼怨寂寞的我
任肉掌霸佔夢土
堆滿寶山的罐罐

直到老去之前，仍舊是不慌不忙
任陽光戳揉臉頰肉肉

任時光為你按摩
任一顆眼睛
換取一輪明月

時隔多年，再次踏上二一坡
任我怎麼呼喚，你依舊文風不動
轉過頭去不搭理我調皮的手

只是這次，同樣的落葉堆裡
怎麼只剩下慢慢變冷的九降風徒然地梳理我永遠畫不好的眉

或淡或濃——
或疏或密——

註：畫眉是清華大學的校浪狗狗，剛被發現時，臉上被塗了兩道奇怪的眉毛，因此得名。牠個性很溫馴，有點像樹懶，興趣就是吃跟睡。出沒地點一路從小吃部、二一坡一帶，變成校外的醍醐味。超然的個性似佛又像老莊，陪我度過了好些煩悶的日子。可惜身為狗兒，軀殼還是有其使用年限，幸在懷生社同學的照料下，失去一顆眼睛的畫眉安然度過了老年，最終於2021年安詳地離開了這個世界。

離開之後

蜿蜒的大提琴聲還流動著，身體緩緩地支應著關節……
輕輕點水的蜻蜓，指尖，髮梢被風撫動著
片刻，所有的智慧凝結成卵，落在繁花飛散的晶瑩時節

凝鍊一生，汝以智慧豢養著我（捧在手掌心般呵護）
剛學會爬行，學會啞啞地喊著，學會
好好吃一頓飯，學會理解詞彙與笑容的涵義、圓月的意象
寫一個字，就向著地心再扎一條根。再汲些水，

宇宙的盡處，汝的掌心隨著紋理都熊熊燃燒著——

見證了整座山的崩毀，恐懼帶來的頹圮：大哭、苦澀、靈感
依舊是啞啞地明白了卻失語著
所有的記憶都是徒然，我比著手腳，練習所有可能連結上的表情
——汝在彼方、在彩虹之後

深埋的葉脈是書籤，翻開草根，紋理順著邏輯開滿大地
悸動的赫茲、鳥鳴的分貝。無雨。凝噎在下午三點四十七分。

褪下了最後一件禮服，所有的遺憾綻放成足跡。火燙的流蘇燒了一身——

「親愛的蜻蜓啊，汝也要飛走了嗎？」

拉起裙擺奔走了好遠好遠的山路，簡單的星光、簡單的雲影

簡單的字跡。一點一捺都是汝教過我的……

曾幾何時——痂疤、齒痕，小綠葉蟬的禮物

被疼痛過的，都成就了另一個天地的甘醇。

湯都冷了。蠟炬成灰。

蜿蜒的大提琴聲還流動著。

G小調大提琴奏鳴曲第三樂章——輕輕點水的蜻蜓，指尖，髮梢被風撫動著

片刻，所有的智慧凝結成卵，落在繁花飛散的晶瑩時節

我終於再度感受到汝的吐納聲。

蘭陽文學叢書・90

生活該有的樣子

作　　者／黃有卿

發 行 人／黃伴書
策劃出版／陳今儀、林金鳳
出 版 者／宜蘭縣政府文化局
地　　址／260宜蘭縣宜蘭市復興路二段101號
電　　話／03-9322440
傳　　真／03-9352074
網　　址／http://www.ilccb.gov.tw/

編輯製作／聯經出版事業股份有限公司
總 編 輯／王聰威
執行統籌／邱美穎
執行企劃／唐聖美
執行編輯／吳思慧
美術設計／郭于婕
地　　址／221新北市汐止區大同路一段369號1樓
電　　話／02-8692-5588
網　　址／https://www.linkingbooks.com.tw

印 刷 廠／沐春行銷創意有限公司
出版日期／2023年12月 初版
定　　價／新臺幣300元

ISBN 978-626-7247-27-3 （平裝）
GPN 1011201488

展售處

國家書店／秀威資訊科技（股）
地址：105臺北市松江路209號1樓
電話：02-2657-9211

五南文化廣場
地址：400臺中市中山路6號
電話：04-2226-0330

國家圖書館出版品預行編目（CIP）資料

生活該有的樣子 / 黃有卿著 . -- 初版 . -- 宜蘭市 :
宜縣文化局 , 2023.12
192 面 ; 14.8X21 公分 . -- (蘭陽文學叢書 ; 90)

ISBN 978-626-7247-27-3(平裝)

863.51　　112018030